Zeichen zum Aufbruch

von

Lisa Mischke

Impressum:

Bibliografische Information der Deutschen
Nationalbibliothek:
Die Deutsche Nationalbibliothek verzeichnet diese
Publikation in der Deutschen Nationalbibliografie;
detaillierte bibliografische Daten sind im Internet über
http://dnb.dnb.de abrufbar.

© 2023 Lisa Mischke
Homepage: www.lisa-mischke.de
Mail: info@lisa-mischke.de

Lektorat: Bernd Heim
Layout Überarbeitung: Mavi Arslan

Herstellung und Verlag: BoD – Books on Demand,
Norderstedt

ISBN: 978-3-7578-13703

Für

Hildegard, Bernd

&

Ali:

Danke für Eure Weitsicht,

Euren starken Rücken

und Euren Glauben.

Mein Licht leuchtet heute,

weil Ihr die seid,

die Ihr seid.

Für Mavi:

Danke Dir von Herz zu Herz,

für die Hilfe bei diesem wunderbaren

Projekt.

„Bitte bleib wie du bist.", hat mal jemand zu mir gesagt. „Könnten mehr Menschen die Welt sehen, so wie du sie siehst, wäre sie ein besserer Ort." An das Gespräch habe ich noch einige Male gedacht.

Ich weiß nicht, ob meine Welt besser ist als die Anderer, aber sie in Worte fassen, das kann ich.Vielleicht treffen meine Texte auf Menschen, die genau das suchen, was ich geben kann. Manch einer findet Hoffnung, Mut oder Trost zwischen meinen Zeilen. Und vielleicht kann ich eine Idee vermitteln, davon, dass die Welt eines jeden Einzelnen maßgeblich von uns selbst gestaltet wird. Dies ist mein Beitrag zu der Welt in der ich leben möchte.

Lisa Mischke

Lisa Mischke,

geboren 1982 in Friedrichshafen.

Aufgewachsen im schönen Hagnau am Bodensee.

Besuch der Freien Waldorfschule Überlingen von 1989- 2001.

Studium an der Freien Kunstakademie Mannheim.

Erste Einzelausstellungen im Bodenseeraum.

Seit 2005 freischaffende Künstlerin in den Bereichen Wandmalerei, Kunst am Bau und Objektgestaltung.

2020 auf Grund der Arbeitskrise für Künstler innerhalb der Pandemie, entstanden ganz neue Experimente der Kunst in Richtung Poetry.

2022 erste größere Lesungen im Umkreis Bergstraße.

Nähere Informationen zur Wandmalerei/ Objektgestaltung finden sie auf der Homepage: www.lisa-mischke.de
oder auf Instagram unter: lisa.mischke.art

Lisa Mischke

Zeichen zum Aufbruch

Poetry Buchreihe

Band 1

Der Schlüssel

Krisen
fangen oft schleichend an,
sie treffen jeden
dann und wann.
Aber irgendwann
ist es immer genug
und plötzlich bist du
im freien Flug.

Wenn dir der Mut zum Leben fehlt
und dich der Gedanke
an die Zukunft quält,
wenn Nervosität
deinen Schlaf auffrisst,
denke dran,
dass du der Schlüssel bist.

Vielleicht lässt du erst mal alles stehen,
innehalten heißt nicht aufgeben.
Es heißt
tief durchatmen
und Anlauf nehmen.

Wirre Gedanken
machen krank. Irgendwann.
Schließ deine Augen,
halt das Karussell einfach an.

Wie groß das Problem auch sein mag,
du entscheidest, was du tust,
am Ende vom Tag.

Ob du in die Knie gehst,
oder das Blatt
zu deinen Gunsten drehst.
Schwere Zeiten
zeigen dir wer du bist,
lass los
und du wirst sehen,
dass du getragen wirst.

Stehst du im Auge des Hurrikan,
spürst du das Wunder in dir drin.
Du bist der Schlüssel,
du hast die Macht.
Du entscheidest,
ob dein Rückgrat kracht.

Nimm an was ist
und dann sieh nach vorn,
nur wer liegenbleibt
hat schon verloren.

Und wer die Welt
mal von ganz unten sieht,
darf nicht vergessen,
dass es von dort aus
nur nach oben geht.

Jede Krise ist ein Wendepunkt,
schmerzhaft vielleicht,
aber letztlich gesund.
Niemand hört gern,
dass es kein Zufall ist,
du kannst dich beschweren,
aber was ist,
das ist.
Und wenn dein Latein am Ende ist,
erinnere dich daran,
dass du
der Schlüssel bist.

Lernst du nicht
übers vernünftig sein,
haut das Leben dir eine rein.
Und verfehlst du auch dieses Mal
das Ziel,
nimmt der Tod dich das nächste Mal
aus dem Spiel.

Du siehst
der Knackpunkt von allem ist,
ob du bereit
was zu ändern bist.
Trage Verantwortung für
deinen Teil,
auch in Vergebung steckt
großes Heil.
Nur wenn du alles
gegeben hast,

nimmt das Leben
dir deine Last.
Und was gestern noch unmöglich war,
stellt heute die Erlösung dar.

Egal, wie dunkel die Stunde ist,
vergiss nie,
dass du
der Schlüssel bist.

Liebe meines Lebens

Die Liebe meines Lebens
wäre mir jede Mühe wert.

Ich würde sie hegen & pflegen,
sie beschützen & stützen.
Sie liebevoll begleiten
in guten wie in schlechten Zeiten.

Ich würde die Liebe meines Lebens
auf Händen tragen,
ihr niemals schaden
oder böse Dinge sagen.

Ich würde sie
in Ihrem Wachstum stärken,
sie niemals abwerten
oder einkerkern.

Ich würde sie
mit allem glücklich machen,
ihr vertrauen,
an sie glauben
und all die Sachen.
Nichts und niemand
käme zwischen meine Liebe & mich.
Aber wenn ich zu all dem fähig wäre,
warum dann nicht auch
für mich?

Die Show

Der Vorhang geht auf,
die Lichter sind an,
die Stimmung ist erwartungsvoll angespannt.

Immer wieder die gleiche Show.
Die Nase rot, die Schuhe blau.

Jeder Effekt 1000-fach geübt,
ich weiß
wie man Begeisterung versprüht.
Doch sie lieben nicht mich,
sondern zu lachen,
gleich klatschen sie genauso
über die Nummer der Affen.
Es ist mir schon immer leicht gefallen,
über meine Schuhe zu stolpern
oder absichtlich zu lallen.

Ist es nicht
wie im wahren Leben,
lieber eine Maske tragen
als sich eine Blöße zu geben?

Da seh' ich sie sitzen
Jung und Alt,
hab Zeit,
denn ich weiß
wann ihr Gelächter schallt.

Sie klatschen, lachen,
halten sich den Bauch,
dabei ist ihre Fassade
auch Schall und Rauch.

Es ist vermutlich leichter
in der Manege den Clown zu geben
als sich Jahrzehntelang
zusammenzunehmen.

Ich bin dankbar für die Gabe,
Menschen ein Lachen zu schenken,
aber manchmal
wünschte ich mir dabei,
sie würden mehr über sich selbst nachdenken.

Denn alle sind sie nur hier
um sich abzulenken,
Vieles tut weh
und die Wahrheit kann kränken.

Trotzdem
ist das Hinsehen unsere Pflicht,
damit man nicht am Ende merkt,
dass man nur ein Clown gewesen ist,
der ewig
seine wahren Gedanken versteckt
und nichts als den Applaus
bezweckt.

Wenn ich keine Angst mehr hätte, würde ich ...

Wenn ich keine Angst mehr hätte,
würde ich mein Herz
auf der Zunge tragen,
würde immer und überall
meine wahre Meinung sagen.
Würde ohne Probleme
vom 10er springen,
auch wenn alle gegen mich stimmen
dem Strom
entgegen schwimmen.

Wenn ich keine Angst hätte,
würde ich ganz anders leben,
statt mich mit Krümeln
zufriedenzugeben.

Ich würde mir längst nicht mehr
so viel sagen lassen.
Ich würde fordern,
statt mich anzupassen.

Hätte ich keine Angst,
machte ich mir keine Sorgen
um meinen Ruf,
würd ich den Wohnort wechseln
oder gleich den Beruf.

Wenn ich keine Angst hätte,
wäre mir eine Karriere sicher.
Ich wäre kreativer,
leidenschaftlicher und authentischer.

Ich würde die höchsten Berge besteigen,
ein Buch schreiben,
ließe mir die Welt zeigen.

Hätte ich keine Angst,
würde ich mich
bis über beide Ohren verlieben,
heiraten und Kinder kriegen.

Familie, Job, Kredit,
alles würde anders laufen,
hätte ich keine Angst,
würd ich mir die Welt kaufen!

Aber bin ich mal ehrlich;
unterm Strich,
weiß ich,
das alles stimmt so nicht.

Hätte ich keine Angst,
dann würd ich -
gar nichts machen,
so sind die Tatsachen.

Nur die Angst
mein wahres Leben zu verpassen,
bringt mich dazu
mir ein Herz zufassen.

Hätte ich keine Angst,
würde ich
oft nicht mal aufstehen,
ließ ich alles seinen Lauf nehmen,
würd ich alles in Kauf nehmen.

Die Angst
ist mir gleichzeitig Freund und Feind,
sie kann antreiben und lähmen,
grad wie sie's meint.

Endlich erkenn' ich
ihr wahres Gesicht,
Gut und Böse gibt es nicht.
Und weil ich Angst hab,
sitz' ich hier
und schreib nur ein Gedicht.
Mein Nächstes heißt:

Hätte ich Mut,
dann würde ich....

Susanne

Susanne war eine ganz besondere Frau.
Ihre Augen glitzerten
in diesem grauen blau.

Jeder liebte sie
von Anfang an,
meistens bevor sie zu sprechen begann.

Es wurde kurz still,
betrat sie einen Raum;
interessierte Blicke,
doch sie merkte es kaum.

Eines Tages
begegnete Susanne Hans.
Sie fand ihn faszinierend, stattlich,
wenn auch etwas arrogant.

Sie war bereit
für diesen Mann Opfer zu bringen,
schließlich wollte sie
seinen Ansprüchen genügen.

Sie änderte ihre Kleidung,
wählte ihre Worte weiser,
benahm sich erwachsen
und ihr Lachen wurde leiser.

Sie bekam seine Kinder
und hütete das Haus.
So vergingen die Jahre,
doch seine Zufriedenheit blieb aus.

Hans hielt sie klein,
das Haushaltsgeld war immer knapp
und sie musste verstehen,
dass ein Mann "Bedürfnisse" hat.

Doch Susanne war gut erzogen
und hielt alles aus.
Egal was passierte,
sie brach niemals aus.

Und als ich sie wiedersah,
sitzend in einem Altersheim,
da schien das Glitzern ihrer Augen
fast erloschen zu sein.

Ich habe seither viele Susannen gesehen
ihre Geschichten haben alle dasselbe System.

Die ewige Lüge,
sie seien nicht genug,
alles Hoffen vergebens,
Jahrzehnte Betrug.

Wer hätte sie sein können,
hätte sie einen anderen Weg gewählt?

Warum hat sie nicht gekämpft
und ab wann war es zu spät?

Wie viele Chancen auf Glück
bleiben wohl ungenutzt,
während Zuhause die Frau schweigend weint
und die Küche putzt?

Eines brannte sich tief in mein Herz hinein:

„Ich möchte nie, eine Susanne sein"

Sinnlose Tage

Es gibt Tage,
die scheinbar sinnlos vorüber gleiten,
an denen man taub und blind ist
zu allen Seiten.

Tage an denen man nicht richtig fühlt,
denkt oder lacht,
als ob nichts wirklich Bedeutung hat
und dein Herz eine Pause macht.

Den Kopf zu voll mit Informationen
und eine Leere die zum Himmel schreit.
Neonlicht und Bassgedröhne,
Werbefernsehen & Einsamkeit.

Sie sind nicht gut,
diese Tage,
denn auch an ihnen läuft die Zeit.

Nur du
kannst das alles unterbrechen
durch lebendiges Denken
und Achtsamkeit.

Nur du
kannst deine Lungen
wieder mit Leben füllen.

Nur du
kannst den Durst
deiner Seele stillen.

Denn es sind dieselben Tage,
an denen das Leben Geschichte schreibt,
aber nur für den,
der die Augen offen hält
und mit sich
in Verbindung bleibt.

Heute
erleben Menschen Dankbarkeit.

Heute
beenden manche einen Streit.

Heute
trifft manche die Liebe
wie ein Komet.

Heute
gibt es manches,
das zu Ende geht.

Heute
entsteht irgendwo ein Meisterwerk.

Heute
erkennt jemand erstmals seinen Wert.

Heute
sieht jemand zum letzten Mal
ein Abendlicht.

Heute
hört Jemand die Worte:
Ich liebe dich.

Heute
schließen Menschen
mit ihrer Vergangenheit Frieden.

Heute
hören manche auf
sich zu verbiegen.

Heute
ist der Tag
auf den man immer gewartet hat,
seine Chancen sind grenzenlos.
Es gibt nichts Wichtigeres
als diesen Tag.

Fang an zu atmen,
fang an zu leben,
fang an diesem Moment
einen Sinn zu geben.

Denn nur wer seine Tage
mit Leben füllt

wird nicht in ewiger Gleichgültigkeit
weggespült.

Die Größe & Magie
eines verpassten Augenblick's
bringt nichts und Niemand mehr zurück.

Und mit einem einzigen Wimpernschlag
ist er vorüber -
dieser perfekte Tag.

Die Trennung

Zwei Menschen liegen schlaflos
in der Nacht
und jeder überlegt,
wie er ab morgen weiter macht.

Während der Erste auf Rache sinnt,
merkt er nicht,
wie die Zerstörung
bei ihm beginnt.

Sein Ego ist in Rage,
es baut sich auf,
brüllt herum,
was der Andere eigentlich glaubt?

Keiner soll es je wieder schaffen,
sein Vertrauen
an sich zu raffen.

Ab morgen
weht ein andrer Wind,
bei dem der Kopf
die Führung übernimmt.

Nur ganz leise
meldet eine Stimme sich:
„Ich bin's dein Herz,
vergiss mich nicht."

Zwei Menschen liegen schlaflos
in der Nacht,
der Zweite ist das erste Mal
seit langem wirklich wach.

Es ist der Schmerz des Wendepunkts,
der durch seine Adern pumpt.

Und obwohl
seine ganze Welt zerbrochen ist,
weiß er, auch in Scherben
spiegelt sich das Licht.

Er glaubt daran,
dass er alles ändern kann.

Die Zukunft
ist ein weites Tor
und endlich
hängt keiner mehr sein Schloss davor.
Auch wenn der Weg
sehr beängstigend ist,
gibt er nicht auf,
bis er wieder glücklich ist.

Der Morgen erwacht
und Beide treten ihre Reise an,
es ist eine Spirale,
die man auf-
und abwärts laufen kann.

Alte Helden

Als wir Kinder waren,
weinten wir,
wenn wir traurig waren.

Wir lachten,
sangen und tanzten
aus dem Herzen
in den ersten Jahren.

Wir wollten Helden sein,
tapfer, edelmütig und gut.
Wir wussten,
dass wir alles in uns hatten,
inklusive Mut.

Alles begann
als die Zweifel kamen,
wir lernten uns Masken aufzusetzen
und dass unsere Träume lächerlich waren.

Uns wurde klar,
nur wer was leistet,
ist auch jemand.
Nur wer was hat,
erreicht irgendwann das Glück.

Wir begannen uns anzustrengen,
für die Liebe der Eltern und Geld in Mengen.

Aus Entdeckern
wurden Buchhalter,
aus Ballerinas,
Kassiererinnen.
Wunder wurden immer seltener
und die Fantasie
schwand völlig dahin.

Wo sind die Helden von früher?
Ich kann keine mehr sehen.
Kann mir einer sagen,
seit wann wir in die falsche Richtung gehen?

Heute
seh ich in die Gesichter der alten Kinder,
sehe Resignation und Flucht,
mal mehr mal minder.
Umsonst all die Friseurbesuche.
Sind auch Make-up und Nägel
immer perfekt,
so tickt die Uhr trotzdem
wie ein Schiff mit Leck.

Die Leere breitet sich aus
wie ein bitterer Geschmack
und auch große Anschaffungen
lenken uns nicht mehr ab.

War das schon alles?
Fragen die Gesichter ab Mitte 30.

Warum liebt mich noch immer keiner,
ich war doch so fleißig?

Wann beginnt endlich mein richtiges Leben,
das mit Liebe geben
und Liebe nehmen?
Der Teil
von dem man träumt als Kind,
wenn man tun kann was man will
und wir Herr
über unser eigenes Schicksal sind.

Geht eure alte Helden wieder suchen,
sucht sie überall.
Auf dem Dachboden eurer Seele
verstauben Sie im Regal.
Das Herz lacht
seit langem das erste Mal.
Endlich fühlt sich was richtig an,
endlich ist etwas nicht egal.

Vielleicht ist es zu spät
für eine Fußball Karriere,
aber vielleicht gibt es ja auch Wichtigeres
als Ruhm und Ehre.

Um dein eigener Held zu sein,
braucht es nur
eine Entscheidung
und dich,

du bist nicht zu alt,
nicht zu dick,
du bist perfekt,
wie du bist.

Du entscheidest
wer du sein willst,
in jedem Augenblick.
Gehst du einen kleinen Schritt nach vorne
oder viele zurück?

Auch wenn dein Job nicht passt,
oder deine Familie dich hasst,
kannst du doch ab heute
ein Anderer sein.

Am Anfang
wird es keiner merken,
nur du weißt es
ganz allein.
Dann wirst du Dinge
in deinem Leben ändern,
egal wie klein.

Und irgendwann
wirst du strahlen
wie ein Held das eben tut.
Du zeigst es allen,
du bist tapfer,
edelmütig & gut.

Dann wirst du ein Licht sein,
für alle Anderen und dich selbst,
siehst die Welt wieder voller Wunder
denn das Wunder bist du selbst …
wiedergeboren
als Held.

Die Bestimmung

Wenn unser Herz lacht
und alles stimmt,
dann spüren wir
wozu wir geboren sind.

Diese Momente
sollen uns daran erinnern,
dass es mehr gibt
als vor sich hin zu kümmern.

Statt alles krampfhaft
festzuhalten,
gilt es Weichen
neu zu schalten.
Denn das Einzige
was sicher ist,
die Zeit
wartet nicht auf dich.

Und wer sich nie auf
zu neuen Ufern macht,
wird irgendwann altern
über Nacht.

Dieses Leben
ist so ein wertvolles Geschenk,
vergeude es nicht,
indem du seinen Wert verkennst.

Glück
ist eine Entscheidung,
mehr braucht es nicht.
Schicksal
ist ein Wort für Feiglinge
und um die weint man nicht.

Die Hoffnung

Manchmal seh' ich die Hoffnung
wie ein weißes Licht,
doch will ich nach ihr greifen,
versteckt sie sich.

Und in der Dunkelheit
wird mir klar,
dass es wohl doch nur ein
Irrlicht war.

Hoffnung im Außen
braucht es nicht,
gehst du den Weg nach innen,
bist du dir selbst
das Licht.

Wer ist ICH?

Drei Fragen gibt es die ich mir stell
bevor ich entscheide,
was ich wähl'.

1. <u>Will ich das</u>?
2. Will <u>ich</u> das?
3. Will ich <u>das</u>?

Dabei fällt mir auf,
wer ist dieses **ich**
an das ich glaub'?

Wer ist es
der meine Gedanken lenkt
bin ich es
der meinen Brustkorb hebt und senkt?

Gewiss,
ich habe einen Namen
aber gäbe es mich nicht,
würde ich keinen haben?

Es mag unwichtig erscheinen,
wen wir mit ich
eigentlich meinen.
Aber wer die Antwort darauf
nicht weiß
den führt das Leben oft im Kreis.

Jede Entscheidung
die wir fällen
trägt dazu bei,
dass wir Weichen stellen.

Aber wenn wir es nicht selber sind
kommt ein Anderer
der das für uns übernimmt.

Die Medien, der Chef, die Schwiegereltern
viele nehmen sich deiner Welt an.
Und merkst du das alles nicht
zerpflücken sie langsam
dein wahres Ich.

Sie wissen genau,
was das Beste für dich ist
wie du leben solltest
und was du liebst.
Und sie schrecken auch nicht zurück
dich ihren Wünschen anzupassen
Stück für Stück.
Bis du irgendwann nicht mehr weißt,
wer du mal warst oder wie du heißt.

Solange du dein Limit hältst,
stimmt für alle anderen deine Welt.

Ob dich das alles glücklich macht,
darüber hat nie jemand nachgedacht.

Weil es für niemand von Interesse ist,
wer du innen wirklich bist.
Du kannst dich
bis zum Brechen biegen
sie werden nicht zufrieden
und man wird dich auch nicht lieben.

Der einzige Weg,
wie du gewinnst,
ist, wenn du bei dir beginnst.

Wer sich selbst erkennt
und seinen Wert
für den läuft alles
umgekehrt.

Der beginnt sein Leben
wahrhaft zu führen,
darf Wunder erleben
und Dinge spüren.

Und er fühlt in Kopf und Bauch
wie Glück den Platz von Geld eintauscht.
Nur wenn man etwas wagt im Leben
kann es dich auf andere Ebenen heben.

Und wer gelernt hat,
wie man mit dem Herzen sieht
weiß instinktiv,
er wird geliebt.

Ich für Fortgeschrittene

Ich habe es mitgebracht,
dass ich die Dinge sprechen höre.
Alles folgt einer inneren Kraft,
deren Ordnung ich nicht störe.

In staunender Bewunderung,
seh' ich dem Treiben zu,
fange die Momente in Worte auf
und füge nichts hinzu.

Alles ist vollkommen,
jedes Ding für sich,
egal ob man von Grashalmen,
Tieren oder Menschen spricht.

Es scheint,
als ob mein Kindergeist,
von Zeit zu Zeit
etwas Höherem weicht
und ich eine Rolle spiele,
in dem ich etwas Größerem diene.

Es ist ein Eintauchen,
ein tiefes Begreifen,
ein echtes Sehen
und Wirklichkeiten streifen.

Es ist ein Bild,
auf dem gleichzeitig
alles zu sehen ist,
alles was je gewesen,
sein wird und ist.

Ich habe es mitgebracht,
von da,
woher ich kam.
In mir wurde Licht gemacht
und mein Blut,
ist warm.

Kämpfen

Ich kämpfe ständig.
Zum Beispiel gegen Vorurteile.
Gegen die der Anderen
oder auch meine.

Ich kämpfe gegen Ungerechtigkeit,
fehlende Wertschätzung
oder Einsamkeit.

Ich kämpfe gegen Zukunftsängste,
mein Mutterherz
kennt keine Grenze.

Ich kämpfe,
um es Anderen recht zu machen
und ich weiß,
dieser Berg ist nicht zu schaffen.

Aber ich kämpfe,
um nicht unterzugehen,
um weiter in der Welt
gut dazustehen.

Und viel zu oft
kämpfe ich Schlachten,
welche noch nicht mal die meinen sind,
muss zusehen wie mir meine Kraft
dabei durch die Finger rinnt.

Ich bin es Leid,
mich für die Liebe zu verrenken.
Ich bin es Leid,
meine innere Stimme für andere
zu dämpfen.
Ich will das Blatt
zum Guten wenden,
statt ewig Blut an meinen Händen.

Ich will nicht mehr kämpfen,
weder für
noch gegen,
ich will in Frieden
als ich selber leben.

Ich möchte einmal
meine
ungeteilte
Aufmerksamkeit.

Dieses Leben gehört mir,
es ist meine Zeit.

Ich will entdecken,
wer ich wirklich bin
und leuchten
in all den Farben in mir drin.

Da ist kein Platz
für Negatives,

so etwas geht nur solang
dein Weltbild schief ist.

Ich lege meine Waffen ab,
um allen zu zeigen,
dass wir nur gewinnen,
wenn wir menschlich bleiben.

Genug

Ich hab genug
von hohlen Versprechungen
jede neue Silvesternacht.

Hab mir genug
falsche Hoffnungen
und Glückskekse aufgemacht.
Ich hab genug
von Schall und Rauch,
von Pflichtgefühlen
und falschen Schmetterlingen auch.

Ich hab genug
von verpassten Chancen,
von sich ewig wiederholenden Graunuancen,
von Leistungsdruck und Blitzdiäten
und von oberflächlichen Intimitäten.

Große Worte, keine Taten,
ewiges Pläneschmieden und Rätselraten.

1000 letzte Chancen und Neuanfänge,
sagen im Gesamtbild eine Menge,
darüber,
was ich alles nicht kann,
oder nicht bin,
meistens bekomm' ich
mit Ach und Krach den Alltag hin.

Aber jetzt hab ich genug
und unvermeidbar den Punkt erreicht,
an dem Altes dem Neuen weicht.

Ab heute
zeig' ich meine Fehler,
meine Narben,
keiner soll mehr
einen falschen Eindruck haben.

Ich hör' auf
Komplimente und Geld zu raffen
und verzeih mir,
sollte ich mal etwas nicht schaffen.

Ich erlaube mir,
von Zeit zu Zeit schwach zu sein.
Und sollte es so kommen,
werd' ich auch vor Fremden weinen.

Ich werde ohne Waffen
meine neuen Wege gehen.
Und wo sie mich hinführen,
werden wir dann schon sehen.

Ich werde genug sein,
einfach wie ich bin
und mich wahrhaftig zu lieben,
bekomm' ich irgendwann auch noch hin.

Loslassen
schafft Platz für Neues,
wichtig ist nur,
dass man sich treu ist.
Ständig wählt man
eins von zwei,
mittendrin,
oder am Leben vorbei.

Grenzen

Ich sprenge meine
und stoß damit an deine.

Fängt man erst mal an
sich selbst zu lieben,
wird es immer unmöglicher
sich zu verbiegen.

Offenbart sich wahre Liebe
und wahres Glück,
kann man nie wieder
zum Alten zurück.

Man spürt wie unnötig
all das Drama ist,
wie es aufhält, einschränkt
und Energie auffrisst.

Wenn ich in Liebe
mit mir und allem anderen bin,
verlieren Konflikte
völlig ihren Sinn.

Dann ist einfach alles
zum eigenen Wachstum da,
es ist Ruhe im Geist,
denn meine Augen sehen klar.

Stück für Stück
fällt aller Ballast ab,
egal, was dem Leben Schwere gab.

Es löst sich auf,
verliert den Grund seiner Existenz,
weil es an keinen Widerstand mehr grenzt.

Es ist als würde man
in einem Schwarz-Weiß-Film stehen
und könnte plötzlich
alles in Farbe sehen.

Man begreift
wie viel mehr das Leben tatsächlich ist
und es ist sicher,
dass man das nie mehr vergisst.

Aber ich kann auch
ganz deutlich sehen,
wie Viele mich jetzt nicht mehr verstehen.

Viel zu groß ist die Kluft
zwischen ihrer Realität und meiner,
Abnormales macht Angst,
nur zugeben will das keiner.

Aber was würde passieren
würden sich auch andere trauen,

mal auf sich zu bauen
und über ihren Tellerrand zu schauen.

Sie könnten sehen,
welche Talente in ihnen stecken,
sie könnten
eine ganz neue Welt entdecken.

Es ist schwer,
akzeptieren zu müssen,
vielen Blinden liegt ihr Glück zu Füßen.
Aber es gilt nun mal das Gesetz:

Grenzen sind da,
wo du sie setzt.

Der Mentor

Ich kenne einen außergewöhnlichen Mann
und wenn ich nicht mehr weiter weiß,
ruf' ich ihn einfach an.

Wann auch immer ich eine Frage hab,
nach dem zweiten Klingeln,
hebt er meistens ab.

Er klingt nie,
als ob er gerade geschlafen hat,
nein, es ist,
als ob er auf meinen Anruf wartet,
Tag für Tag.

Er erzählt mir
von den Gesetzen der Welt
und von menschlichem Denken,
wie man auf die Füße fällt
und wie wir unsere Geschicke lenken.

Oft lachen wir gemeinsam
über mein Chaos der Gefühle
und darüber,
wie ich auf meinem Weg
im Dunkeln wühle.

Er kann herrlich um die Ecke denken
und ich liebe es ihm meine Zeit zu schenken.

Bin ich mutlos,
baut er mich auf,
geht eine Tür zu,
macht er eine andere auf.

Immer hat er eine Lösung parat,
eine geniale,
deren Inhalt sich gewaschen hat.

Er hinterlässt
in meinem Leben Spuren
und aus Widersachern,
macht er Witzfiguren.

Aber wenn ich ihn frage,
wer er ist,
antwortet er mir einfach nicht.

Geduldig wartet er,
dass ich es selbst begreife,
aber ich stecke in einer Art
Warteschleife.

„Hast du dich nie gefragt,
woher ich soviel weiß?
Dabei gibt es mich gar nicht,
ich bin nur in deinem Geist.

Weil du deinem Herz nicht traust,
hast du diese Figur gebraucht,

aber alles,
was ich wissen kann,
war in dir selbst
von Anfang an.

Standest du mit dem Rücken
an der Wand,
hast du dich Hilfe suchend
an dich selbst gewandt."

Mich packt die Angst:
„Was passiert jetzt?
Verlässt du mich?"

„Wie könnt' ich denn,
du bist doch ich."

Wenn du auf ein Zeichen
 wartest ...

Bleib stark,
denn dein Leben ist nicht zu Ende,
beginn ein neues Kapitel
und nimm es selbst in die Hände.

Und ja
du kannst es schaffen,
bist es wert
und gut genug.

Es ist egal,
warum wir es packen,
ob aus Verzweiflung
oder Mut.

Lass hinter dir,
was vergangen ist,
damit es nicht auch deine Zukunft frisst.

Und dann steh auf
und mach deinen Weg,
egal,
ob er über Stöcke und Steine geht.

Behalte im Blick,
was dich wahrhaft glücklich macht

und vermeide,
was dir billigen Spaß verschafft.

Dieses Leben gehört dir,
also mach was draus,
sei dein eigener Held
und gib niemals auf.

Akzeptiere,
dass nicht immer die Sonne lacht
und dass man nur lernt,
wenn man auch Fehler macht.

Schau dich selbst
mit liebevollen Augen an
und vertrau darauf,
dass alles gut werden kann.

Eines Tages,
wenn deine Zeit gekommen ist,
wirst du froh sein,
dass du heute stark geblieben bist.

Hinter dem Horizont

Einst stand ich auf einer riesigen Mauer.
Dort hochzukommen
war schwer gewesen.
Ich habe lange gedacht,
sie sei zu hoch für mich.

Doch da war diese Melodie,
ein Duft, ein Lachen.
Ich hatte es einfach
noch einmal versuchen müssen.

Mit letzter Kraft
hatte ich es hinauf geschafft
und stand jetzt endlich oben.
Nun,
da ich meine Angst überwunden hatte,
ließ ich mich mit einem Lächeln
fallen.

Hier ist alles anders.
Es ist schwer zu beschreiben.
Worte
sind einfach nicht groß genug.

Die Schönheit
ist überwältigend
und wer hier lebt,
ist einfach nur er selbst.

Ich treffe Musiker,
Schauspieler, Künstler und Weise
sogar einige Berühmtheiten sind hier.

Wir verstehen uns ohne Worte.
Jeder ist eigen
und alle sind wir eins.
Es ist Leben hoch zwei.
Es ist Leben,
wie es sein sollte.

Farben schmecken nach Farben
und das Glück
tanzt zusammen mit den Blättern
im Wind.
Du kannst es lachen hören,
wenn du leise bist.

Über allem schwebt ein Lied
das du kennst,
weil du es immer in dir hattest,
endlich kannst du es hören.

Wohin du auch gehst,
alles ist echt.
So ist das Leben
hinter dem Horizont.

Viele Menschen
kennen die Mauer,

auch wenn sie für manche
nur ein morscher Bretterzaun ist.

Heute weiß ich,
es gibt sogar eine alte Tür
die immer unverschlossen ist.
Und trotzdem gehen nicht viele hinein,
zu groß ist die Angst
vor dem Ungewissen.

Manchmal denke ich noch an die alte Welt,
wenn ich wieder jemanden
an der Pforte stehen seh'.
Denk an all die Farblosigkeit,
den Stress und die Fesseln.

Und dann,
schau' ich mir im Spiegel meine Flügel an,
seh wie mein Herz leuchtet
und meine Seele lacht.

Und ich weiß,
selbst wenn das alles hier
nur eine Illusion wäre,
würde ich lieber hierbleiben,
als je wieder zurück zu gehen.

Die Suche

Als die Zeit reif war
begann der Wind sich zu drehen.
Träume wurden greifbar
und Altes konnte gehen.

Ich sah wie aus der Ferne
den Dingen einfach zu,
hatte in mir diese große Wärme
und einen leeren Kopf dazu.

Ohne Fragen
gibt es keine Schwere mehr.
In der Leichtigkeit des Seins
genießt man das Leben sehr.

Vom Fluss getragen
gleite ich durch die Zeit.
Bin dankbar an allen Tagen
und staune über ihre Großartigkeit.

Wie wunderbar einfach
doch alles ist,
wenn du selbst erst mal reif
für die Wahrheit bist.

Dann kann endlich kommen,
was für dich vorgesehen war,

denn du stellst jetzt
kein Hindernis mehr dar.
Trägst in dir dieses helle Licht,
das jede Dunkelheit durchbricht.

Und du spürst es
völlig klar,
dass dies das Ende
deiner Suche war.

Die Reise

Ich habe eine Menge Freunde.
Sie begleiten mich schon mein Leben lang.
Damit du weißt, wen ich damit meine,
fang' ich am besten von vorne an.

Eines Tages hatte ich beschlossen
auf Reisen zu gehen.
Meine ursprüngliche Form verlassen,
um auf der Bühne des Lebens zu stehen.
Und mit der größten Genauigkeit
wählte ich dafür die perfekte Zeit.

Versteh mich nicht falsch,
natürlich wusste ich
um jeden Stein und jede Hürde,
die diese Wahl mit sich bringen würde.

Das Ziel war nicht,
allem aus dem Weg zu gehen.
Ich wollte lernen,
nach jedem Fallen
wieder aufzustehen.

Doch mir war klar,
das alles
konnte ich nicht alleine schaffen.
Um anzutreten,
benötigte ich herausragende Eigenschaften.

Viele boten an mich zu begleiten,
um mich zu beraten
in den schwierigen Zeiten.

Da war die Liebe,
das Ego,
die Angst und der Verstand.
Jeder von ihnen reichte mir die Hand.

Und jeder versprach auf seine Weise,
seinen Job gut zu machen
auf meiner Reise.
Mich zu prüfen,
zu motivieren und voranzutreiben;
mit ihnen würde ich Geschichte schreiben.

Auch dieser geniale Körper
wollte mir zur Seite stehn,
mit seinem ewigen Wunsch mir zu dienen
mit einem unfehlbaren Warnsystem.

Durch Krankheit und Schmerz
würde er mir zeigen,
sollte ich zu Fehlern neigen.

Mein Charakter, meine Talente und meine Fragen
versprachen mich im Leben vorwärts zu tragen.
Sie alle wollten mich unterstützen
und im schlimmsten Fall
mein Überleben schützen.

So begann ich
mit dem ersten Schritt,
dem Vergessen um all diese Dinge,
meine Reise zum Glück.

Seitdem hab ich so vieles erlebt.
Wie eine Pflanze,
die ewig dem Licht entgegenstrebt.

Hab gehofft,
gezweifelt, gestaunt, gelacht,
mich getäuscht, gesucht
und wieder Mut gefasst.

Aber wo ich auch war,
meine Freunde haben mich immer begleitet,
mich vor Aufgaben gestellt
und meiner Weisheit den Weg bereitet.

Ich musste lernen,
dass man nicht immer
auf alle gleichzeitig hören kann,
mal ist der Eine,
mal der Andere mit Reden dran.

Und,
dass es nicht möglich ist,
in die falsche Richtung zu gehen,
sondern lediglich
eine Extraschleife zu drehen.

Das Wichtigste,
was ich verstanden hab',
ist, dass ich ewig wachse, mit jedem Tag.

Alles ist gut,
denn es gibt keine Schuld.
Die Dinge sind neutral,
ich brauch' nur Geduld.

Und wenn meine Reise zu Ende ist,
danke ich jedem,
der mit mir gegangen ist.

War es ein einfaches
oder schweres Leben?
Reifte ich meiner Vollkommenheit entgegen?
Oder trat ich jahrzehntelang auf der Stelle
und erkannte den Sinn
erst auf der Schwelle?

Wie auch immer es dann gelaufen ist,
einem inneren Plan zu folgen,
erfüllt mich mit Zuversicht.
Es gibt mir Vertrauen,
Frieden & Gelassenheit
anzunehmen was ist
zu jeder Zeit.

Stille

Sie kommt vor dem Sturm
und bleibt,
wenn alles vorbei ist.
Sie zeigt uns unsere Grenzen
und wie lang eine Minute wirklich ist.

Stille kann so Vieles sein.
Hilflosigkeit
oder eisernes Schweigen.
Scham, Glück
oder Erhabenheit.
Ihre Geduld ist ewig weit.

Sie kann verbinden oder trennen
und oftmals lässt sie Tränen rennen.

Stille beinhaltet so viele Fragen.
Manches lässt sich nur schweigend sagen.
Allein große Gefühle
können die Welt zum Stehen bringen,
wer nichts mehr hört,
der horcht nach innen.

Rauschendes Blut
und ein Pochen im Herzen
lassen uns wissen,
was Dinge uns wert sind.

Stille –
Fluch und Segen,
Ende oder Reinigung?
Die ergreifendsten Momente
verbringen wir stumm.

Eines Tages
werd' ich es verstehen

Eines Tages,
wenn ich mal groß bin,
werd' ich alles verstehen.
Dann hab ich Antworten
auf all die Fragen,
die mir im Kopf rumgehen.

Weshalb rauchen manche
oder bewegen sich nicht,
sitzen vor Bildschirmen
und merken den Wechsel
der Jahreszeiten nicht?

Warum gesundes Essen teuer ist
und Massentierhaltung
normal geworden ist?

Warum Hautfarben
Menschen unterscheiden
und warum Worte
so tiefe Wunden schneiden?

Weshalb wir Gift
in unsere Flüsse kippen
und Kinder
in vielen Ländern
arbeiten müssen?

Was ist der Grund,
weshalb so viele Kranke leiden,
obwohl wir seit so vielen Jahren
medizinische Forschung betreiben?

Warum Menschen mit Schlauchbooten
über Meere fahren,
in Länder,
in denen sie kaum eine Chance haben?

Wofür gibt es ein Grundgesetz
und wie geht aufrichtige Politik?

Oder warum es
nach Mandeln duftende
Vernichtungswaffen gibt?

Eines Tages,
wenn ich groß bin,
werd' ich all diese Zusammenhänge verstehen,
dann kann ich meinen Kindern
auf all das Antworten geben.

Doch ich werd' immer älter
und langsam frag' ich mich:
Wann kommen die Antworten
in Sicht?

Für Kinder
nur das Beste

Wir glauben zu wissen,
was für unsere Kinder das Beste ist,
aber wie es ihnen dabei geht,
das fragen wir nicht.
Denn obwohl wir sie
für ihre Echtheit lieben,
versuchen wir ständig
sie zu verbiegen.

Wollen ihnen beibringen,
Fehler zu umgehen,
dabei können wir ohne Hilfe
selbst kaum stehen.

Alle Tugenden
die wir an Erwachsenen schätzen,
tragen unsere Kinder bereits im Herzen.
Es sind wir,
die immer Probleme sehen,
statt mal die Perspektive
der Kinder einzunehmen.

Oft ist das,
was uns an unserem Kind nicht passt,
nur der Spiegel,
der uns zeigt,
was man an sich selber hasst.

Für unsere Kinder
ist bedingungslose Liebe,
Vertrauen und Zuversicht,
einfach selbstverständlich.
Nur wir kapieren das nicht.

Zu verbohrt
und zu überheblich
um dieses Glück zu fassen,
schneiden wir ihre Zehen und Fersen ab,
damit sie in unsere Schuhe passen.

Liebe gibt es doch im Überfluss,
warum zeigen wir ihnen dann,
dass man sie sich erst verdienen muss?

Ist das nicht eine völlig verdrehte Welt,
in der man so viel
über das Wohl unserer Kinder stellt?

Wäre es nicht Zeit
etwas von dem zurückzugeben,
was wir von ihnen täglich nehmen?

Und könnten wir mal
über unseren Schatten springen
und unseren Kindern
Vertrauen entgegenbringen,
dann könnten wir dabei
so viel über uns selbst erfahren,

wer wir eigentlich sind,
und was aus uns wurde
in all den Jahren.

Vielleicht lohnt es sich
mal darüber nachzudenken,
auf was für eine Art
wir ihnen unsere Liebe schenken.

Wir könnten beginnen
mit ihnen auf Augenhöhe zu reden
und unseren Kindern
damit den Weg ebnen.

Das Ziel all unserer Bemühungen ist,
dass sie es einmal gut
haben, oder nicht?
Und was könnte da wichtiger sein,
als eine glückliche Kindheit
als Meilenstein.

Es ist an uns,
Zeit und Geduld zu investieren,
statt ewig an ihnen rum zu korrigieren.
Sie bei uns zu haben, ist nichts
was selbstverständlich ist,
sich um sie zu kümmern ist ein Privileg
und keine Pflicht.

Sorglosigkeit

Wir werden geformt
durch das Rad der Zeit,
gehen durch Höhepunkte
und Zerbrochenheit.

Wir verlieren unseren Weg
nur, um ihn wiederzufinden.
Chancen tun sich auf
und andere verschwinden.

Meist macht uns irgendwas
den Kopf so schwer.
Und nach Kurzem,
spielt es gar keine Rolle mehr.

Eine ewige Aneinanderreihung von Nichtigkeiten
frisst Jahre unserer Zeit im Vorübergleiten.

Wir vergeuden so viel Energie,
in dem wir über Sichtweisen streiten.
Dabei sind gerade "die"
unsere Erschaffer der Wirklichkeiten.

Ist es nicht traurig,
wie simpel das alles ist?
Und trotzdem
haben wir es nicht im Griff.

Lassen uns von unseren Ängsten reiten,
die unsere Sorgen
wie durch eine Lupe weiten.

Manchmal
stell' ich mir vor,
dass ich im Weltall bin
und wie klein meine Probleme
von dort aus sind.

Geradezu lächerlich
die meisten Gedanken,
fast immer
haben wir uns den Großteil selbst zu verdanken.
Und zieh' ich von meinem Pech
die Eigenschuld ab,
kommt eine ganz neue Realität an den Tag.

Nur wenn du begreifst,
dass du selbst
Schöpfer deines eigenen Lebens bist,
erkennst du,
dass die Tür zur Freiheit immer offen ist.

Starke Menschen
nehmen selten einen geteerten Weg,
sie wissen um das Böse,
denn sie haben viel erlebt.
Doch es kommt immer der Tag
an dem man erkennt,

dass das Leben
vieles Wahrheit nennt.

In was für einer Welt
möchtest du gern leben?
Und was hast du selbst
für eine solche Welt dazuzugeben?

Wie kannst du erwarten,
dass alles zu deinen Gunsten ist,
solang du selbst
nicht Teil dieser Wunschvorstellung bist?

Alles ändert sich mit deinem Blick,
du bist der Autor,
schreibe dein bestes Stück.

Wer in sich ruhen kann
und die Weisheit der Kinder liebt,
hat keine Sorgen mehr,
denn er hat längst
gesiegt.

Meine beiden Ichs

Manchmal schließ' ich meine Augen
und stell mir vor
ich wär wieder Kind.
Acht Jahre vielleicht,
unbekümmert,
wie Kinder eben sind.

Ich springe in Pfützen,
klett're auf Bäume
und schaukle so hoch ich kann.
Bau mir eine Hütte,
reiß wieder ab
und fang von vorne an.

Manchmal bin ich wieder acht Jahre,
muss diese kratzige Jacke tragen
und hab abstehende Haare.

Die Tage sind bunt und lang,
es wird gespielt
bis zum Abendessen.

Dann mein altes Kinderzimmer,
wie lang hatte ich es vergessen?

Jetzt seh' ich es wieder vor mir,
vollkommen klar,

der Schrank, das Bett, der Schreibtisch,
alles ist wieder da.

Ich schlüpf' unter die Decke,
sie ist weich und kuschelig,
schmunzle in mich rein,
„Was hat die Zukunft wohl für mich?"

Und dann,
beim Einschlafen
träume ich,
wie wir uns begegnen,
mein junges
und mein heutiges Ich.

Ich nehme mich in den Arm,
denn mein kleines Ich
liebt mich.
Meine Kinderarme sind warm,
sie umfassen meinen großen Körper nicht.

Dann trete ich zurück
und betrachte mein Gesicht:
„Na, ein bisschen alt geworden
bist du schon,
aber das macht nichts",
sage ich.

Mit unendlichem Wohlwollen und Güte
in meinem Blick

schau' ich zu mir auf,
und dankbar
wieder von oben zurück.
„Geht es dir gut,
da wo du jetzt bist?"

Ist die erste Frage
die mir einfällt,
das Erste was wichtig ist.

„Haben sich ein paar meiner Wünsche erfüllt?
Und wenn ja,
wie hat sich das angefühlt?
Drehst du dich manchmal noch im Kreis
bis dir schwindlig ist?
Nein?
Aber warum denn nicht?

Was sind das für Dinge,
die dir jetzt wichtiger sind?
Machen Sie genauso viel Spaß,
wie Seifenblasen bei Wind?

Gehst du noch manchmal Schlittschuhlaufen?
Und konntest du dir den Hund endlich kaufen?

Was machst du nach der Arbeit
mit dem ganzen Geld?
Macht es dich glücklich,
wenn du dir so viel bestellst?"

Mein kleines Ich überlegt kurz
und meint dann:
„Also manche deiner Antworten
hören sich echt komisch an.
Ich verstehe die Erwachsenen einfach nicht,
es ist, als ob ihr nicht wisst,
was wichtig ist."

Manchmal schließe ich meine Augen
und stell mir vor,
ich wär' alt.

80 Jahre vielleicht,
brauche einen Stock für den Halt.

Klein und beschaulich ist meine Welt,
vorbei der Trubel
und das Hörgerät abgestellt.

Meine Haut ist fleckig
und weiß, das Haar,
sitzt' im Sessel
auf dem Balkon,
genau wie letztes Jahr.

Ich hab keine Termine,
kann das Essen kaum erwarten,
freu mich über die Blumen
und zähl Spatzen im Garten.

Manchmal bin ich 80
und die Welt dreht sich,
ohne dass ich was tu,
ich lehne mich zurück
und seh' ihr wissend dabei zu.

Und schließen meine Augen sich,
begegnen sich mein altes
und mein heutiges Ich.

Ich nehme mich in den Arm,
denn mein altes Ich liebt mich.
Meine Greisenarme sind warm,
sie umfassen
meinen starken Körper nicht.

Dann trete ich zurück
und betrachte mein Gesicht
und mit ein bisschen Wehmut,
lächle ich.

„Du wirst deinen Weg machen
so oder so,
das sich ewige Ängstigen
führt ins Nirgendwo."

Milde und Verständnis
liegen in meinem alten Blick,
Hoffnung und Trost
blicken dankbar zurück.

„Verbringe Zeit mit deinen Lieben,
arbeite an dem wer du bist.
Nutze deine Chancen,
versprich, dass du das nicht vergisst.

Denk nicht so viel,
riskier mehr Gefühl.
Sei glücklich,
denn die Zeit wartet nicht auf dich.

Alles geht vorüber,
schau mich nur an,
führ' das Leben,
das du willst,
damit ich,
wenn ich an dich denke,
lächeln kann."

So hör' ich sie täglich,
meine beiden Ichs.
Sie fragen unermüdlich:
„Bist du glücklich wie es ist?"

Tabula rasa

Lauf kleiner Hamster lauf
und dann sieh zu,
dass du dir viele Sachen kaufst.
Und reicht die Kohle dafür nicht,
rennst du eben schneller,
macht doch nichts.

Ratenzahlung, Miete, Steuergelder,
alles macht dein Rad noch etwas schneller.

Es kommt der Tag
an dem man nicht mehr kann,
aber du hast die Lösung,
sie heißt: Urlaub am Ballermann.
Essen und Alkohol in rauen Mengen,
da lässt sich einiges verdrängen.

Aber irgendwann
ist immer Schluss.
Und es kommt
wie's kommen muss.

Körper oder Seele,
einer gibt immer auf.
Und der Nächste klettert
an deiner Karriereleiter rauf.
Enttäuscht und verletzt stellst du nun fest,
wie herzlos leicht man dich ersetzt.

Und wäre es damit noch nicht genug,
nehmen gerade jetzt
manche "Freunde" ihren Hut.

Hörst du die kleine Stimme
in deinem Ohr?
Kommt dir die Szene wahrscheinlich vor?
Dann ist es Zeit
sich Gedanken zu machen,
oder viel mehr
endlich aufzuwachen.

Wer,
wenn nicht du,
kümmert sich um dein Glück?
Wer,
wenn nicht du,
nimmt sich dieses Leben zurück?

Für wen bist du genug
und wer hält dich fest,
wenn du es nicht selber bist?

Tabula rasa,
da hilft nur Ehrlichkeit,
es gibt viel zu verlieren
denn es ist deine Zeit.
Nimm dir ein Blatt,
fang eine Liste an,
wer gehen und wer bleiben kann.

Was dich auslaugt,
was verbrennt,
was dich von deinem Herzen trennt.

Hast du das größte Kartenhaus,
zieh die Unterste davon heraus.
Auch wenn alles was du hast zerbricht,
lohnt es sich,
wenn du am Ende glücklich bist.

Und wenn du dein wahres Leben gefunden hast,
kannst du kaum glauben,
wie blind du warst.
Mit echter Freude,
echter Liebe,
echtem Glück,
kommt alles verlorene zurück.

Und ja,
es wird anders sein,
setzt du diesen Meilenstein.
Aber noch viel wichtiger ist,
was passiert
tust du es nicht?

Kleine Fantasie

Stell dir vor,
dich gäbe es noch nicht
und du könntest selbst bestimmen,
wer du in Zukunft bist.

Zu welcher Zeit
wärst du gern geboren
und welches Land
hast du dir dafür auserkoren?
Wärst du lieber ein Mann
oder eine Frau,
beschreibe dein Äußeres genau.

Was bist du von Beruf
und wer lebt mit dir?
Hast du Kinder oder ein Tier?
Wie sieht dein Zuhause aus?
Was siehst du,
wenn du aus deinem Fenster schaust?

Was würdest du alles anders machen,
bräuchtest du keine Grenzen
zu beachten?

Und könntest du gleich mehrere
solcher Leben haben,
welche Fantasien
könntest du noch ausgraben?

Egal ob du Mönch,
Rockstar oder in der Zukunft bist,
es kommt nicht darauf an,
ob es realistisch ist.

Schreib auf,
was du für Träume hast
und dann lass es ruhen
über Nacht.
Nur wenn du weißt,
was dich bewegt,
findet das Leben einen Weg.
Du könntest mal in diese Länder fahren,
einen Kurs besuchen,
oder einen Auftritt haben.

Vielleicht ist das alles hier
nur eine Spinnerei,
aber sie macht dich trotzdem
glücklich und frei.
Wer seinen Träumen
eine Chance gibt,
bekommt das Leben,
das er liebt.

Dunkelheit und Licht

Das ewige Durchhalten,
sich zusammenreißen,
auf Teufel komm raus,
sein Limit leisten.
Übermüdet,
die Flügel schwer wie Blei
versucht man krampfhaft zu fliegen
im grauen Alltagsbrei.

Das eigene Glück
nur noch eine verschwommene Illusion,
spüren wir die Leichtigkeit der Anderen,
wie blanker Hohn.

Doch in Wahrheit
ist alles anders.
Kaum einer
hat keinen Stein im Schuh.
Ich wünschte,
es bräuchte keinen Anlass
und wir gäben diese Schwäche
einfach zu.

Ich hör' so Viele innerlich rufen:
„Helft mir, ich komme nicht mehr mit"
aber die Welt macht im selben Tempo weiter,
weil kein Flüstern
über ihre Lippen geht.

Jeder will stark sein,
fit und voll im Trend.
Niemand soll jemals merken,
dass nur ein Haar uns noch
vom Burnout trennt.

Und wenn die Kraft am Ende ist
und man sich eingestehen muss:
„Ich schaff' es nicht"
erst dann wird man verstehen:
Wachstum kann niemals ohne Schmerzen gehen.

Vielleicht verliert man ein paar Freunde.
Manch einer erträgt die Veränderung nicht.
Aber die, die bleiben, bringen Freude.
Und um den Rest zu trauern,
lohnt sich nicht.

Es braucht Zeit,
um von ganz unten
wieder aufzustehen,
aber wenn man den Weg gegangen ist,
beginnt ein viel wertvollerer Teil von Leben.
Begriffe wie Tiefe, Schönheit
und Größe tauchen auf,
Liebe und Dankbarkeit
kommen obendrauf.

Und mit einem stillen Lächeln
denkt man sich:

„Schade,
dass ich es mir
erst so schwer machen musste,
für mein heutiges Ich."

Aber so ist es nun mal,
nur im Dunkeln
erkennt man Licht.
In Wahrheit
ist alles ganz einfach,
aber aus Vernunft
lernt man das nicht.

Und seht ihr jetzt die Anderen
im Hamsterrad rennen,
mit all dem Stress
und mit Angst im Gesicht?
Würdet ihr ihnen so gerne helfen zu erkennen,
aber leider geht das nicht.

Sonnentage

An Sonnentagen
kann ich im Licht baden,
mein Herz offen tragen
und leuchten
in den schönsten Farben.

An Sonnentagen
gibt es nichts zu sagen,
stell' ich keine Fragen,
kann ich mein Glück gerade so ertragen.

An Sonnentagen
sauge ich die wahre Größe des Lebens
in mir auf,
ich wachse über mich hinaus
und mir gehen sämtliche Lichter auf

An Sonnentagen
hör' ich Schmetterlingsflügel schlagen,
erinnere ich mich an Gefühle
aus Kindertagen.
Werd' ich getragen
von einem allumfassenden Wohlbehagen.
An Sonnentagen
weiß ich, dass ich Schöpferin meines Lebens bin,
macht Gut und Böse einen Sinn
und ich spür',
was meine Aufgaben sind.

An Sonnentagen
kann meine Seele lachen,
meine wahre Natur erwachen
und einfach nichts mir Probleme machen.

An Sonnentagen
weiß ich wie Glück geht,
was am Ende der Zeit besteht
und wie man jeden Tag
in einen Sonnentag umdreht.

Johannifeuer

Einatmen,
ausatmen,
frei sein.

Auf dem T-Shirt Flecken vom Rotwein
und im Gesicht die Hitze des Feuerscheins.

Kein gestern,
kein morgen,
nur der Moment.

Nichts,
das die Wunschwelt von der Echten trennt
und ein Gefühl, das das Wort Glück
in neue Dimensionen sprengt.

Schwarze Tannen,
wie stumme Wächter,
dazwischen Musik und einladendes Gelächter.
Und dann,
wie zum Schutz über dieser heilen Welt,
ein nie prächtiger gewesenes Himmelszelt.

Einatmen,
ausatmen,
erfassen.

Mit allen Sinnen eintauchen,
um keine Nuance davon zu verpassen.

Das Rascheln von Stoff.
Das Knacken von Holz.
Das Fallen von Masken & falschem Stolz.

Die Farbe der Glut.
Der Geschmack des Weins.
Die überwältigende Dankbarkeit hier zu sein.

Und mit dem bittersüßen Wissen
um Vergänglichkeit,
präge ich mir alles ein,
damit es bleibt.

Einatmen,
ausatmen,
Freiheit.

Liebe kann alles ertragen

Du lagst als winziges Bündel
in meinen Armen.
Ich sah die Welt mit dir
in ganz neuen Farben.
Hast mir mein Herz im Sturm geraubt
und alles neudefiniert,
an was ich glaub.

Deine winzigen Finger
haben mich festgehalten.
Seit dem du kamst,
blieb nichts beim Alten.

In jedem Atemzug,
jedem Gedanken und jedem Schritt,
schwingt seither eine Sorge mit.

Geht es dir gut ?
Bist du in Sicherheit?
Was mach ich,
wenn die Zeit was anderes zeigt?

„Liebe kann alles ertragen."
Hörte ich mich dann selber sagen.

Egal was auch kommen mag,
ich würde es aushalten,
schwor ich mir jeden Tag.

Wie im Flug ging die Zeit voran.
Du fingst zu laufen und zu sprechen an.

Du wurdest zur Sonne meiner Welt
und zur Achillesferse.
Ich gab dir was ich konnte,
an Stärke & Wärme.

„Liebe kann alles ertragen."
Sagte ich mir an schweren Tagen.

Und so nahm ich was kam
auf meine Schultern.
Wollte eine sein,
von den guten Müttern.

Ich versuchte jeden Schmerz von dir abzuhalten.
Ließ jedes Gewitter auf mein Schutzschild prallen.
Um für dich da zu sein.
Um dir meine Liebe zu beweisen.
Um meinen Schwur täglich neu zu leisten.

„Kann Liebe alles ertragen?"
Hörte ich mich immer öfter fragen.

Du bist damals schon
so viel weiser gewesen als ich.
Du wusstest,
ohne Schmerzen geht es nicht.
Du wolltest fallen,
dir das Knie aufschlagen,
dich streiten und mich schlimme Dinge fragen.

Du hast nach Stolpersteinen gesucht
und sie trotz mir gefunden.
Du hast all meine Bemühungen
mit Leichtigkeit überwunden.

Hast mir meine Machtlosigkeit
über dich gezeigt
und dass dein Lebensplan
meinen Horizont,
bei weitem übersteigt.

Ich musste lernen,
dir blind zu vertrauen.
Zu akzeptieren,
und auf dein Inneres zu schauen.

Liebe muss nicht alles ertragen.
Liebe muss der Angst entsagen.
Liebe muss lernen loszulassen.
Damit du gehst,
in eigenen Straßen.

Damit sie dich führen können,
wohin deine Vorhersehung dich trägt.

Und damit meine Liebe,
dir nicht mehr länger im Wege steht.

Seifenblase

Wenn wir uns wiedersehen,
werden wir nicht mehr dieselben sein.
Es heißt: „Kein Mensch
kann zwei Mal in den selben Fluß steigen."

Du wirst Andere getroffen haben
und vielleicht mit mir vergleichen.
Wir werden mehr Vergangenheit tragen
und weniger Leichtsinn.

Dann sind wir nur noch Menschen,
statt verwandte Seelen.
Und erstmals
wird sich zwischen uns ein Schweigen legen.

Wir werden uns fragen
wieviel der Andere von heut noch weiß?
Und ob diese Dinge noch Bedeutung haben,
nach so viel Zeit?

Denn wenn wir uns wiedersehen,
werden wir nicht mehr dieselben sein.
Jede Flamme erlischt,
wird ihr Leuchten zu klein.

Mag sein,
dass wir beide einmal Familien haben,
und das Bild des Anderen
weit in uns vergraben.

Dass das,
was dann unser Leben füllt,
sich auch irgendwie
nach Glück anfühlt.

Mit der Zeit,
nach vielen Jahren,
werden unsere Herzen nicht mehr
im selben Rhythmus schlagen.
Und alles was wir mal gemeinsam hatten,
wird wie eine Seifenblase
lautlos platzen.

Wenn wir uns wiedersehen,
werden wir beide nur noch wissen:
Unsere Geschichte,
ist gut gewesen.

Abschied

Eine Uhr die steht.
Ein Duft verweht.
Kalte weiße Hände.

Ein Licht erlischt.
Ein Auge bricht.
Etwas geht zu Ende.

Zeig mir das Wort,
das ganz beschreibt,
welch innere Verbundenheit
im Herzen bleibt,
wenn ein Geist zum Himmel steigt.
Auf dass es Trost mir spende.

Ein Ohr das taub.
Ein Traum zu Staub.
Die Welt nun eine Fremde.

Und in mir drin,
der einzige Sinn,
dass ich dich wiedersehen werde.

Inhaltsverzeichnis:

Mach dir keine Gedanken.
Finde deinen Mut.

Alles geht vorüber.

Nach der Ebbe
kommt die
Flut.

Lisa Mischke